Elke Hartebrodt-Schwier (Hg.)

BIBELENTDECKER AUF SCHATZSUCHE 2

44 Spiele zum Alten Testament

neukirchener
aussaat

MIX
Papier aus verantwortungsvollen Quellen
FSC® C014138
www.fsc.org

Dieses Buch wurde auf FSC®-zertifiziertem Papier gedruckt.
FSC® (Forest Stewardship Council®) ist eine nichtstaatliche, gemeinnützige Organisation, die sich für eine ökologische und sozialverantwortliche Nutzung der Wälder unserer Erde einsetzt.

Bibliografische Information der Deutschen Nationalbibliothek

Die Deutsche Nationalbibliothek verzeichnet diese Publikation in der Deutschen Nationalbibliografie; detaillierte bibliografische Daten sind im Internet über http://dnb.d-nb.de abrufbar.

Umschlaggestaltung: Andreas Sonnhüter, www.sonnhueter.com, unter Verwendung eines Bildes von © Ilike (shutterstock.com)
Lektorat: Anna-Lena Sichelschmidt, Wuppertal
DTP: Breklumer Print-Service, www.breklumer-print-service.com
Verwendete Schriften: Frutiger, VAG
Gesamtherstellung: FINIDR, s.r.o.
Printed in Czech Republic
ISBN 978-3-7615-6284-0

www.neukirchener-verlage.de

Inhaltsverzeichnis

Einleitung

Spielen macht in erster Linie Spaß. Mithilfe von Spielen wird eine Lebensform der Freiheit gekennzeichnet.
In der Spielpädagogik finden die Spiele zwei Anwendungsgebiete: Zum einen ist es die Motivation zum Spielen und die pädagogische Beeinflussung der Spieltätigkeiten. Zum anderen ist es die Erziehung mit und durch Spiel, also Spiel als eine Methode für organisierte, lustbetonte Lernprozesse – orientiert an den Bedürfnissen der Spieler. Hierbei ist es hilfreich, eine Atmosphäre zu schaffen, die zwanglos und frei von Leistungsansprüchen ist.
Die Mitspieler werden in ihrer Sozialisation und Persönlichkeitsentwicklung gefördert. Sie haben die Möglichkeit, neue Erfahrungen zu sammeln, verschiedene Fähigkeiten, Fertigkeiten und Haltungen auszuprobieren und weiterzuentwickeln. So liegt es nahe, Spiele auch in Beziehung zu biblischen Geschichten zu bringen, um religiöse Erfahrungsräume zu ermöglichen.

In diesem praxisbezogenen Buch sind 44 Spiele von Elke Hartebrodt-Schwier, im Inhaltsverzeichnis mit * gekennzeichnet, und Michael Jahnke zu gebräuchlichen biblischen Geschichten im Alten Testament ausgewählt. Diese Spiele sind chronologisch in der Reihenfolge der biblischen Bücher

sortiert. Das Spielen ist dabei ein Weg, eine Beziehung zwischen der jeweiligen Geschichte und dem eigenen Leben zu entdecken und vertiefend zu erleben. Die hier ausgesuchten Spiele stammen aus „Das große Bibelspielebuch", das 2008 bei der Neukirchener Verlagsgesellschaft erschienen ist.
Bei vielen Spielen befinden sich exemplarische Querverweise zu anderen Bibeltextstellen, sodass sich das entsprechende Spiel auf die angegebene Textstelle bzw. auf das Thema übertragen lässt. Die Spiele bieten eine bunte Palette an Klassifikationen, z. B. Bewegungs-, Interaktions-, Kennenlern-, Kooperations-, Rollen- oder Wettkampfspiele. Einige Spiele stellen Prinzipien dar. Sie lassen sich mit kleinen Abweichungen auf andere Textstellen bzw. Themen übertragen.
Alle Spiele sind von beiden Autoren über Jahre hinweg aus der Praxis für die Praxis gesammelt, reflektiert und erprobt. Sie bieten Anregungen für eigene Veränderungen und sind somit flexibel einsetzbar: nicht nur für Kinder, sondern auch für die Arbeit mit Jugendlichen, Konfirmanden und Erwachsenen. Es geht darum, sich im methodischen Fundus des Spiels zu bedienen und die vorgestellten Spiele kreativ im Religionsunterricht oder in der religionspädagogischen Arbeit weiterzuentwickeln.

1. 1. Mose 1
Was ist falsch?

Material: geeignete „falsche" Gegenstände

Für die Variante: Mülltüten

Spieldauer: ab 20 Minuten

Der priesterliche Schöpfungsbericht erklärt, wie sich Menschen vor ca. 2500 Jahren die Erschaffung der Welt vorstellten. Dieses Spiel regt dazu an, mit den Spielern über die Frage ins Gespräch zu kommen: Wie gehe ich mit Gottes Schöpfung um?

Die Spielleitung präpariert eine Wegstrecke in einem geeigneten Gelände. Sie bringt entlang einer Strecke Gegenstände an, die nicht dorthin passen, z. B. eine Kerze im Blumenbeet, einen Tannenzapfen in einem Busch, einen Ball im hohen Gras, Kirschen im Apfelbaum.
Je nach Gruppengröße und -alter geht die Gruppe zusammen, in Kleingruppen oder als Einzelpersonen durch das Spielfeld und sucht nach den „falschen" Gegenständen in der Schöpfung Gottes.

Variante:
Bei einem gemeinsamen Spaziergang durch Wald und Flur können alle nicht natürlichen Gegenstände – also primär Müll – eingesammelt werden. Welche Gruppe hat am Ende der Spielzeit den meisten Müll in der Schöpfung gefunden?

2. 1. Mose 1,3-5
Lichterfahrung

Material: Rhythmikreifen, Goldplättchen (ca. 7 x 3 cm), mehrere gelbe Chiffontücher, Bienenwachskerze, Legematerialien

Spieldauer: ca. 20 Minuten

Alle Spieler betreten einen dunklen Raum, z. B. eine Kirche, und lassen die Dunkelheit auf sich wirken. Nach einiger Zeit versammeln sich alle zu einem Kreis. Der Spielleiter bringt einen Rhythmikreifen ins Spiel. Dieser rollt von Hand zu Hand im Uhrzeigersinn, bis er beim letzten Spieler angelangt ist. Dieser Spieler fordert eine zweite Person auf, den Reifen mit ihm zusammen in die Mitte des Kreises zu legen. Der Reifen wird von allen mit kleinen Goldplättchen geschmückt. Anschließend wird der Reifen von mehreren Spielern mit gelben Chiffontüchern ausgefüllt. Die Spieler äußern ihre Assoziationen zum entstandenen Bild, z. B. Sonne, Mond, Licht, warm, hell … Dann zündet der Spielleiter eine Bienenwachskerze an und spricht dazu den Satz: „Ich leuchte, bin hell und schenke Wärme." Dann bittet er alle Spieler, ihre Augen zu schließen. Er geht von einer Person zur anderen.

Mit dem Lichtstrahl der Kerze erleuchtet er die einzelnen Gesichter. Wer die Wärme des Lichtes spürt, darf seine Augen öffnen. Die Kerze wird in die Mitte gestellt, noch einmal spricht der Spielleiter den Satz: „Ich leuchte, bin hell …" Abschließend dürfen alle Spieler den Reifen mit verschiedenen Legematerialien ausschmücken.

Andere Bibeltextstellen: z. B. Lukas 2,22-40, Micha 7,8, Johannes 8,12, 1. Johannes 1,5.

3. 1. Mose 1,9-10
Schöpfungswerk: Wasser

Material: Spielaufträge als Bild oder in Worten

Spieldauer: ca. 20 Minuten

Im priesterlichen Schöpfungsbericht wird von acht Schöpfungswerken berichtet. In diesem Spiel soll das Wasser in verschiedenen Spielszenen erlebbar werden. Die Spieler teilen sich in Kleingruppen ein. Jede Kleingruppe erhält eine Spielszene.
Nach einem kurzen Austausch und den Proben in den Kleingruppen werden die einzelnen Szenen den anderen vorgespielt. Durch genaues Hinschauen erraten die Zuschauer, um welche Szene es sich handelt.

Mögliche Spielszenen:

1. Jemand geht lange Zeit durch eine Wüste. Es ist sehr heiß. Er ist sehr durstig. Er kommt an einen Brunnen. Er schöpft Wasser und trinkt es.
2. Es regnet. Wie reagieren Pflanzen? Jetzt ist es lange Zeit trocken. Was passiert nun? Jemand kommt und gießt die Pflanze.

3. Ein Feuer brennt. Es ist zunächst klein, wird aber größer und größer. Schließlich kommt jemand und löscht das Feuer.
4. Ein Wasserrad steht still. Wasser setzt es in Bewegung. Das Rad treibt eine Maschine an.
5. Wasser schleift einen Stein rund.
6. Wasser spült Dreck hinweg.
7. Ein Schiff auf dem Meer. Ein Sturm kommt. Die Wellen werden groß. Sie überschwemmen das Schiff. Es kommt vom Kurs ab. Was passiert jetzt?
8. Jemand geht spazieren. Plötzlich ziehen dunkle Wolken auf. Es gibt einen starken Schauer. Die Person versucht, irgendwo Unterschlupf zu finden.

4. 1. Mose 1,10
Erde erkunden

Material: evtl. Bergsteigerseil, evtl. Tücher zum Augen verbinden

Spieldauer: ab 30 Minuten

Gott schuf die Erde mit allen ihren Wundern.

Die Spielleitung spannt in einem geeigneten Gelände eine möglichst lange Schnur oder ein Seil von mindestens 200 Metern Länge. Das Gelände sollte anregungsreichen Untergrund und Bepflanzung besitzen (Wiese, Wald, Kies, Sand, hohes Gras, Büsche). Gefährliche Stellen müssen ausgespart werden (tiefe Gräben, Dornbüsche, giftige Pflanzen, tiefes Wasser). Die Spieler gehen nun entlang des Seils mit geschlossenen Augen und ertasten die Natur. Anschließend tauschen sich die Spieler über ihr Erleben aus.

5. 1. Mose 1,11-26
Ball, Ei, Frosch

Material: diverse Gegenstände, die sich als „Ball" eignen, z. B. ein Styroporei, ein kleines Stofftier, Massagebälle etc.

Spieldauer: ca. 10 Minuten

Auch Bälle, Eier, Stofftiere hat Gott erschaffen. Wirklich?

Die Spieler stehen in einem Kreis. Der Spielleiter wirft einen „Ball" einer anderen Person zu. Diese wirft ihn einer dritten Person zu. Der „Ball" wird solange hin und her geworfen, bis alle Spieler einmal den „Ball" in ihren Händen hielten. Zum Schluss kommt der „Ball" zum Spielleiter zurück. Jeder muss sich dabei merken, von wem er den „Ball" bekommen und zu wem er ihn geworfen hat. Denn dies ist das Muster für die weiteren Spielrunden. Der „Ball" kommt erneut ins Spiel. Während er noch von einer Person zur anderen geworfen wird, wird der nächste Gegenstand als „Ball" geworfen. Je nach Gruppengröße können vier bis fünf „Bälle" ins Spiel gebracht werden. Wenn die Spielspannung abnimmt, nimmt der Spielleiter einen „Ball" nach dem anderen aus dem Spiel.

1. Variante:

Wenn alle „Bälle" im Spiel sind, bleiben die Spieler nicht mehr an ihrem Platz stehen, sondern bewegen sich im Raum. So müssen sich die Spieler stets orientieren, wo sich ihre unmittelbaren Mitspieler aufhalten, um den „Ball" weiterspielen zu können.

2. Variante:

Es werden bis zu drei verschiedene Spielmuster gleichzeitig ins Spiel gebracht: Das Styroporei wird von A nach B, C, D, das kleine Stofftier von A nach D, B, C usw. geworfen.

6. 1. Mose 1,26
Du bist einmalig

Material: Tücher zum Augen verbinden

Spieldauer: ab 5 Minuten

Ein Spieler betrachtet seine Mitspieler sehr genau und prägt sich die Besonderheiten der Gesichtszüge ein. Dann bekommt er die Augen verbunden und muss seine Mitspieler ertasten.

Andere Bibeltextstelle: z. B. Psalm 139.6

7. 1. Mose 2,2
Weckersuche

Material: Wecker

Spieldauer: ab 5 Minuten

Ein tickender Wecker wird versteckt. Die Spieler machen sich auf die Suche. Um den Wecker finden zu können, muss es im Raum ganz still sein. Ist der Wecker gefunden, kommt der nächste Spieler an die Reihe und versteckt ihn.
Die Spieler erleben: Es muss still sein, damit ich hören kann. Diese Stille erinnert an den Tag der Ruhe.

8. 1. Mose 3
Verstecken verkehrt

Material: nicht erforderlich

Spieldauer: ab 10 Minuten

Ein Spieler versteckt sich gut. Die anderen zählen währenddessen bis 100. Dann fangen alle an zu suchen und versuchen, das Versteck zu entdecken. Findet einer das Versteck, hockt er sich leise dazu. Schließlich werden es immer weniger, die suchen. Der Letzte ist derjenige, der sich wieder verstecken darf.

9. 1. Mose 4,1-10
Mörderspiel

Material: Skatblatt, für jeden Spieler ein Teelicht mit Kerzenständer, Streichhölzer

Spieldauer: ab 15 Minuten

Als Kain tötet, bringt Gott Licht in das Dunkel und verurteilt ihn zu einem nomadischen Leben. In diesem Spiel entlarven die Spieler den „Mörder".

Jeder Spieler erhält aus einem Skatblatt eine Karte, die von den anderen nicht eingesehen werden darf. Kreuzbube und Herzdame haben dabei eine besondere Bedeutung und müssen stets beim Verteilen der Karten an die Spieler dabei sein. Wer den Kreuzbuben zieht, ist im Spiel der „Mörder". Wer die Herzdame erhält, ist unsterblich.
Dann geht das Spiel los: Der Raum wird verdunkelt. Vor jedem Einzelnen steht ein brennendes Teelicht. Alle Spieler liegen bäuchlings so in einem Kreis, dass jeder jeden sehen kann. Der „Mörder" hat nun die Aufgabe, durch unauffälliges Zublinzeln andere Spieler „zu ermorden". Wer sich angeblinzelt fühlt, bläst als „Opfer" seine Kerze aus.

Wenn zwei Spieler meinen zu wissen, wer in der Spielgruppe der „Mörder" ist, melden sie sich. Der Spielleiter hört sich deren Verdachtsmomente an, ohne dass die anderen Spieler diese hören. Wenn die beiden Verdachtsmomente übereinstimmen, fragt der Spielleiter laut den entsprechenden Spieler, ob er den Kreuzbuben gezogen hat. Bei einer Bejahung ist der „Mörder" entlarvt. Bei einer Verneinung müssen die beiden Spieler mit dem falschen Verdachtsmoment ihre Kerzen ausblasen; es sei denn, einer der beiden hat die „unsterbliche Herzdame" gezogen.
Es kann aber auch passieren, dass die beiden Verdachtsmomente nicht übereinstimmen, sodass der Spielleiter erst gar nicht nachfragen kann, ob ein entsprechender Spieler der „Mörder" ist. In diesem Fall müssen beide Spieler ihre Kerze auslöschen – die Person mit der Herzdame ist wieder davon ausgenommen.
Das Spiel ist beendet, wenn der „Mörder" alle Spieler zum Schweigen gebracht hat oder wenn er entsprechend entlarvt wurde.

Tipp:
Da die Spieler auf Teppichboden besonders bequem liegen können, ist besonders darauf zu achten, dass keine Wachsflecken auf dem Fußboden entstehen.

10. 1. Mose 6,9-8,22

Arche Noah

Material: nicht erforderlich

Spieldauer: ab 10 Minuten

Es bilden sich Pärchen. Eine Person legt sich auf den Bauch; die Unterlage ist bequem und warm. Wer mag, darf dabei auch die Augen schließen. Die andere Person hat die Aufgabe, den Rücken der liegenden Person entsprechend der Erzählung mit den Fingern zu „bearbeiten".

„Ein Mann – tief in seine Gedanken versunken– geht einen Berg hinauf (Handlung).

Dort fängt er an, mit einer Säge Bäume zu fällen (Handlung).

Nachdem der Mann etliche Baumstämme gesammelt hat, zieht er sie mit aller Kraft in das Tal. Jeden Stamm einzeln (Handlung).

Alle im Dorf wundern sich über diesen Mann. Sie kommen schnell herbei, um zu sehen, was ihr Nachbar dort macht (Handlung).

Er lässt sich nicht irritieren, im Gegenteil: Er fängt an, die Baumstämme mit der Axt zu spalten, die Holzscheite aufeinanderzulegen (Handlung),

aus ihnen Pfosten und Bretter zu sägen und zu hämmern (Handlung).
So vergehen einige Tage, und das Bauwerk dieses Mannes wird immer größer …"

Die Erzählung wird fortgesetzt, verschiedene Tiere kommen auf die Arche Noah …

Tipp:
Verschiedene Geschichten können dabei Anleitung für entsprechende Handbewegungen sein, die der Spielleiter erzählt. In weiteren Runden können die Massierenden selbst ihre Fantasie entfalten.

11. 1. Mose 9,8-17

Einen Regenbogen bilden

Material: Schaumstoffwürfel, evtl. bunte Chiffontücher in den Farben des Regenbogens

Spieldauer: hängt von der Größe der Spielgruppe ab, ca. 7 Minuten

Der Regenbogen besteht aus vielen Farben. Einzelne Farben werden für das Spiel einer Würfelaugenzahl zugeordnet, beispielsweise die Zahl Eins entspricht der Farbe Rot, die Zahl Zwei entspricht der Farbe Blau usw. Der Spielleiter beginnt zu würfeln. Die gewürfelte Augenzahl ruft er laut in die spielende Gruppe hinein. Jeder Spieler muss sofort einen Gegenstand in der entsprechenden Farbe auf der Spielfläche anfassen. Wenn der Spielleiter das Wort „Regenbogen" ruft, verbinden sich alle Spieler miteinander über die angefassten Gegenstände im Raum.

Tipp:

Um die Spielspannung zu erhöhen, scheidet nach jeder Spielrunde der Spieler aus, der als Letzter einen farbigen Gegenstand anfasst. Je weniger Spieler im Spiel sind, umso

schwieriger wird es für die anderen sein, sich beim Begriff „Regenbogen" miteinander zu verbinden.
Wenn der Raum bzw. die Bekleidung der Spieler für das Spiel nicht anregungsreich genug ist, erhalten alle Spieler bis zu drei farbige Chiffontücher, die sie an ihrem Körper festbinden.

12. 1. Mose 11,1-9
Kuriose Rekorde

Material: den jeweiligen Rekordaufgaben entsprechendes Material

Spieldauer: ab 20 Minuten

Die Turmbauer von Babel wollen sich einen Namen machen und ihre Größe dokumentieren, indem sie einen Turm bauen, der bis in den Himmel reicht. In dem Guinnessbuch der Rekorde sind viele kuriose Leistungen von Menschen eingetragen, die anzeigen, dass die Menschen Grenzen von Hohem, Schnellem oder Weitem überwinden möchten. In diesem Spiel können die Spieler selber in zwei Mannschaften Rekorde aufstellen, z. B.:
Wer kann am längsten still auf seinem Stuhl sitzen?
Wie viele Streichhölzer lassen sich auf einer schmalen Flasche stapeln?
Wer baut den höchsten Turm aus Bierdeckeln?
Wie viele Legosteine können auf einem aufgeblasenen Luftballon gebaut werden?

13. 1. Mose 13,1-12
Landkarten

Material: Papier, Stifte, evtl. ein Schatz

Spieldauer: ab 60 Minuten

Wachsender Viehbesitz in der Familie veranlasst Abraham, seinen Neffen Lot eine Wahl treffen zu lassen, in welchen Landesteil er ziehen möchte. Freimütig verzichtet Abraham auf das fruchtbare Weideland. So ist es beiden Sippen möglich, in Frieden zu leben. Abraham und Lot gehen getrennte Wege.

Es werden zwei oder mehr Kleingruppen mit jeweils ca. vier bis sechs Spielern gebildet. Jede Gruppe erhält einen großen Bogen Papier und Stifte. Nachdem die Spieldauer für die erste Spielrunde festgelegt worden ist, ziehen die Kleingruppen in verschiedenen Himmelsrichtungen los. Ihre Aufgabe besteht darin, möglichst genau einen beliebig gewählten zu erkundenden Weg wahrzunehmen und als Landkarte aufzuzeichnen, also z. B. typische Bäume am Wegesrand. Nach der verabredeten Zeit kommen alle wieder zusammen. Die Gruppen tauschen die Landkarten aus und erkunden den Weg der anderen.

Tipp:

Die Spieldynamik wird erhöht, wenn die Kleingruppen bei ihrer ersten Erkundung einen kleinen Schatz vergraben, der dann von einer jeweils anderen Gruppe gesucht werden muss.

14. 1. Mose 21,8-21
Lebensquelle in der Wüste

Material: Papier, Stifte, Bibeltext

Spieldauer: ab 20 Minuten

Sara bittet Abraham, die Magd Hagar mit ihrem Sohn Ismael „in die Wüste zu schicken".
Die Wüste bringt Hagar und ihren Sohn in eine Notsituation, aber unter Gottes Schutz werden ihr die Augen geöffnet, und sie erkennt eine Lebensquelle.

Im Raum werden zwei Zettel mit den Stichworten „Wüstennot" und „Lebensquelle" einander gegenüber auf den Boden gelegt. Die Spieler entscheiden sich für eine der beiden Perspektiven. In den so entstandenen beiden Kleingruppen wird anschließend jeweils ein Standbild zum Thema „Wüstennot" und „Lebensquelle" entwickelt. In der Gesamtgruppe können die Standbilder mit folgendem Verlauf nacheinander gezeigt werden:

Zunächst stellt eine Kleingruppe ihr Bild auf. Die Zuschauenden gehen um und in das dargestellte Bild, betrachten

die „Bildteile", Haltungen sowie Mimik, Gestik und das Gesamtgebilde.
Die Spielgruppe löst das Bild auf, die Betrachter benennen ihre Wahrnehmungen, Beobachtungen und damit verbundene Assoziationen zum gezeigten Standbild.
Die Darsteller erzählen daraufhin, was sie verkörpern wollten, und jeder Einzelne beschreibt den eigenen Anteil am Standbild, das Erleben und weitere Einfälle. Abschließend zeigt die Spielgruppe noch einmal ihr Standbild.

Nach der Präsentation und Reflexion beider Standbilder wird der Text aus 1. Mose 21,8-21 gemeinsam gelesen.
Wenn die Spielgruppe klein ist, können alternativ beide Perspektiven nacheinander als Standbild entwickelt werden.

Tipp:
Dieses Spielprinzip lässt sich auf alle Bibeltextstellen übertragen, in denen Gegensätze im Mittelpunkt stehen, z. B. Licht und Dunkelheit (Jesaja 9,1-11), Suchen und Finden (Lukas 15,1-10), Vergehen und Werden (Johannes 12,24), Bewegung und Ruhe (1. Mose 1-2,4), Offen und Verschlossen (Heilungsgeschichten), Fülle und Leere (1. Könige 17), Empfangen und Geben (Matthäus 14,13-21), Höhe und Tiefe (Kreuzigung und Auferstehung).

Weiterführendes Spiel:

Aus dem Standbild kann sich ein biblisches Rollenspiel entwickeln:

Der Text wird zweimal gelesen, wegen des unterschiedlichen Eindrucks von zwei verschiedenen Personen, möglichst von einer Frauen- und einer Männerstimme.

Die Zuhörer können beim Hören zwei unterschiedliche Plätze mit unterschiedlichen Körperhaltungen, z. B. sitzen, stehen oder liegen, im Raum einnehmen. Nach der Textlesung kommen alle wieder zusammen. Es werden die im Text vorkommenden Personen Ismael, Hagar, Sara, Abraham und die Personen, die noch dabei gewesen sein könnten, z. B. Isaak, Karawanenbesitzer, Knecht im Hause Abrahams, im Gespräch benannt.

Aus der Spielgruppe wählt sich jeder eine Rolle. Die Rollen, die nicht besetzt sind, werden beiseitegelegt. Im nächsten Schritt klärt die Spielgruppe die darzustellende Situation. Anschließend sucht sich jeder seinen Platz und seine Position, bis alle zufrieden sind.

Es folgt ein Auswertungsgespräch. Wenn die Spielgruppe groß ist, bietet das szenische Interpretieren eine weitere Chance zum Textverständnis. Hier werden einzelne „Bildteile“ von Betrachtenden ersetzt, indem z. B. jemand an eine Person herantritt, sie durch Berührung ablöst, sodass der Betrachter deren Haltung einnimmt.

Alternativ dazu kann ein Betrachter einer Person im Bild seine Stimme geben. Dies bietet die Möglichkeit, das eigene Standbild von außen zu betrachten und unterschiedliche Positionen einzunehmen. In einem weiteren Schritt kann die „Originalbesetzung" des Standbildes eine „erste Bewegung" machen, um dann wieder darin zu erstarren.
Abschließend teilt sich die Spielgruppe ihre Empfindungen und Entdeckungen an dieser Geschichte mit.

15. 1. Mose 27
Wem gehört die Hand

Material: Tuch zum Augen verbinden

Spieldauer: ca. 10 Minuten

Die beiden Brüder rivalisieren miteinander um den Segen des Vaters. Da die Zwillinge an ihren unterschiedlichen Händen zu erkennen sind, gelingt es Jakob, Isaak zu täuschen.

Bei diesem Spiel sollen die Spieler an ihren Händen erraten werden. Hierzu werden einem Spieler die Augen verbunden. Ihm wird dann eine Hand eines Spielers gereicht.
Der „Blinde“ befühlt diese Hand und rät, zu welchem Spieler diese Hand gehört.

16. 1. Mose 33,1-16

Aufeinander zugehen

Material: Tuch

Spieldauer: ausreichende Bewegungsfläche

Jakob war vor Esau auf der Flucht. Esau war wütend, weil Jakob ihm den Segen abgeluchst hatte. Nun begegnen sie sich friedlich.

Alle Spieler stellen sich zusammen. Einer der Spieler wirft ein Tuch hoch und ruft dabei den Namen eines Mitspielers. Dieser muss das Tuch auffangen, während die anderen wegrennen. Hat der Mitspieler das Tuch, ruft er „Stopp", und die anderen bleiben stocksteif stehen. Der Tuchfänger schaut sich einen Mitspieler aus und schätzt laut, wie viele Schritte er braucht, um zu ihm zu gelangen. Dann geht er los. Gelingt es ihm, mit der geschätzten Schrittzahl den anderen zu erreichen und ihn mit dem Tuch zu berühren, darf der andere das Tuch nehmen und hochwerfen, und das Spiel geht von vorne los. Gelingt es ihm nicht, den anvisierten Menschen mit dem Tuch zu berühren, scheidet er aus.

17. 1. Mose 37,3
Kleider machen Leute

Material: viele bunte Tücher, Sicherheitsnadeln

Spieldauer: ca. 30 Minuten

Josef erhält von seinem Vater Jakob ein kostbares Gewand, das die besondere Beziehung zwischen Vater und Sohn widerspiegelt. Durch das Kleidungsstück wird Josef seinen Brüdern gegenüber in besonderer Weise hervorgehoben.

Im Spiel sollen die Spieler erfahren, was ein Kleid bzw. Gewand bedeutet (Kleider machen Leute). Hierzu liegen in der Mitte viele bunte und kostbare Tücher. Nacheinander bekleiden sich die Spieler gegenseitig mit diesen Tüchern. Wenn sich die Spieler sehr gut untereinander kennen, können die Tücher passend zu den Lieblingsfarben der jeweiligen Spieler ausgewählt werden.
Dann beginnt eine Modenschau. Hierzu tritt ein Spieler in den Kreis. Er spürt nach, wie das Gewand das eigene Aussehen verändert und es zum Schmuck wird. Vielleicht mögen einzelne Spieler eine dem Gewand entsprechende Haltung einnehmen. Dann kommt der nächste Spieler an die Reihe.

18. 2. Mose 1,15-22

Ohnmacht oder Macht

Material: Papier, Stifte

Spieldauer: ab 5 Minuten

Der Pharao hat Angst vor dem großen Volk Israel: es könnte an Macht gewinnen. Darum befiehlt er den hebräischen Hebammen, alle männlich geborenen Kinder zu töten. Die beiden Frauen entziehen sich jedoch dem Befehl des Pharaos und lassen alle Jungen am Leben.

Jeder Spieler sucht sich einen Partner. Beide zusammen halten einen Stift, um gemeinsam zu malen, z. B. eine Frau, den Pharao, Gewalt, Frieden. Die Schwierigkeit besteht darin, dass nicht miteinander gesprochen werden darf. Beim gemeinsamen Bildmalen wird die Macht des Partners spürbar. Nach dieser Übung tauschen die Spieler ihre Erfahrungen aus.

19. 2. Mose 2,1-5
Im Korb

Material: Musikanlange, ruhige Musik

Spieldauer: ab 5 Minuten

Ein Körbchen aus Schilf bewahrt und rettet Mose als Säugling vor dem Ertrinken bzw. dem Pharao. Mirjam, seine Schwester, und die Tochter des Pharaos werden für ihn zu Schutzengeln.

Im Spiel erleben die Spieler den Schutz eines „Körbchens". Mehrere Paare stellen sich dazu gegenüber auf. Sie reichen sich die Hände und bilden mit ihren Armen einen Kreis. So entsteht ein „Korb", in denen andere Spieler als Mose hineinschlüpfen. Im Korb sollen sie sich wohl fühlen. Zu geeigneter Musik wiegt sich das Nest langsam hin und her. Wenn die Musik unterbrochen wird, suchen sich die „Mose-Spieler" einen neuen Korb. Nach geraumer Zeit wechseln die Spieler untereinander ihre Rollen.

20. 2. Mose 3,5

Nicht den Fußboden berühren

Material: Stühle, Tische und Ähnliches

Spieldauer: ab 5 Minuten

Mose betritt heiligen Boden, dazu soll er seine Schuhe ausziehen.

Für dieses Spiel ziehen die Spieler ihre Schuhe aus. Es wird ein Kletterparcours aus Stühlen, Bänken und Tischen gebaut. Die Spieler müssen diesen Parcours bewältigen, ohne mit dem Fuß auf den Boden zu treten.

21. 2. Mose 14,6-9
Pferdewagenrennen

Material: Bälle

Spieldauer: ab 4 Minuten

Alle Kinder knien im Kreis. Der Spielleiter kommentiert das Pferdewagenrennen und macht gleichzeitig die passenden Bewegungen. Die Kinder machen alle mit.
Spielleiter: „Die Pferde stehen ungeduldig an der Startlinie. Achtung, jetzt kommt das Startsignal: Auf die Plätze – Fertig – Los! (Die Hände klatschen über dem Kopf zusammen.) Die Pferde laufen (mit den Händen auf die Oberschenkel klatschen) immer schneller. Da kommt eine Rechtskurve (der Oberkörper neigt sich nach rechts), ein Graben (die Spieler hüpfen hoch), eine Linkskurve (der Oberkörper neigt sich nach links), die Zielgerade (alle Spieler klatschen schneller), eine Karambolage (aller Spieler fallen übereinander), das Publikum jubelt (alle schreien und johlen), usw."

22. 2. Mose 23,20
Behütet auf dem Weg

Material für die 1. Variante: Zeitschriften, Tapetenrolle, Klebestifte, Scheren

Für die 2. Variante: Diverse Legematerialien, evtl. Fotoapparat

Spieldauer: abhängig von der Variante, ab 45 Minuten

Darauf darf ich vertrauen: Gott behütet mich auf meinem Lebensweg.
In dieser intensiven Kennenlernsituation geht es darum, sich selbst Zeit zu nehmen für den eigenen Lebensweg und ihn anschaulich zu gestalten. Gleichzeitig machen sich – im wahrsten Sinne des Wortes – die anderen ein Bild vom Lebensweg des Gegenübers. Verschiedene Bausteine für die Gestaltung von Lebenswegen sind möglich:

1. Variante:
Mithilfe von diversen Zeitschriften gestaltet jede Person auf einer Tapetenrolle ihren Lebensweg. Hierzu werden entspre-

chend des Lebensweges verschiedene Bilder und Wörter ausgeschnitten und in chronologischer Reihenfolge auf die Tapetenrolle geklebt. Nach der kreativen Phase des Gestaltens stellt jeder Teilnehmer seinen Lebenslauf den anderen vor. Diese Lebenswege können anschließend im Gruppenraum aufgehängt werden.

2. Variante:

Mithilfe von Legematerialien (siehe oben), gestaltet jede Person ihren Lebensweg. Zum Legematerial können gehören: bunte Tücher aus verschiedenen Stoffarten, gefertigte Holzmaterialien wie Ringe oder Perlen, Naturmaterialien wie Muscheln, Steine oder Tannenzapfen. Als Legematerialien eignen sich alle Gegenstände, zu denen jeder gern eine wertgeschätzte Beziehung eingehen möchte.

Auch bei dieser Variante werden anschließend die Lebenswege einander vorgestellt.

Da diese Bilder eine Momentaufnahme darstellen, kann jedes einzelne Bild fotografiert werden, bevor es vom Boden aufgehoben wird.

Tipp:

Als Vorbereitung zu dieser Kennenlernsituation kann eine Fantasiereise sinnvoll sein. Sie kann helfen, seinen Lebensweg vor dem inneren Auge abzuspulen: Welche Bilder, Personen oder Erfahrungen steigen aus der Erinnerung auf? Der Lebensweg kann Gestalt annehmen. Bei sehr großen Gruppen kann die Vorstellung der Lebenswege in Kleingruppen sinnvoll sein. Der Spielleiter entscheidet sorgfältig, welche Präsentation für Gruppe und Thema geeignet ist.

23. 3. Mose 19,33-34

Sich verständigen mit Hand und Fuß

Material: eine Einkaufsliste von A wie Apfel bis Z wie Zahnpasta

Spieldauer: ab 10 Minuten

Es ist nicht leicht, sich in einem fremden Land und in einer fremden Sprache zu verständigen.
Die Spieler haben die Aufgabe, sich in diese Situation hineinzuversetzen.

Es werden zwei Spielgruppen gebildet. Der Spielleiter hat eine Einkaufsliste von A wie Apfel bis Z wie Zahnpasta zusammengestellt. Einem Spieler aus der ersten Gruppe wird der erste Einkaufsgegenstand ins Ohr geflüstert. Der Spieler muss den Mitspielern seinen Einkaufswunsch mit Hand und Fuß darstellen. Die Gruppe, die den Begriff als erstes errät, erhält einen Punkt. Dann kommt ein anderer Spieler aus der zweiten Gruppe an die Reihe usw. Gewonnen hat die Gruppe, die die meisten Einkäufe errät.

Andere Bibeltextstellen: z. B. Rut 2, Lukas 1,5-25.64.

24. Rut 1-4

Beth-lehem – Haus des Brotes

Material: Behälter, beispielsweise Körbe, Gläser und Schachteln, Tuch, Brot, Bibeltext

Zur Vertiefung: Tonkarton, Pappe, Naturmaterialien, Stoffreste, Steine, Scheren, Klebstoff etc.

Für die Variante: Seile

Spieldauer: ab 10 Minuten

Das hebräische Wort „Beth-lehem" heißt auf Deutsch „Haus des Brotes". In der Bibel erfahren sowohl Rut als auch Maria und Josef in Bethlehem eine „Lebens-fülle". Rut kehrt nach ihrem schweren Weg nach Bethlehem zurück und sucht dort einen Ort der Zuflucht. Dort findet sie wieder Heimat. Maria und Josef müssen nach dem Gebot des Kaisers Augustus in die Stadt gehen, in der Josef geboren wurde. Als schwangere Frau geht Maria einen steilen Weg. Nur mit dem Nötigsten ausgestattet ist sie auf der Suche nach Schutz, Wärme und Ruhe. Die einfache Herberge in Bethlehem wird durch die Geburt des Kindes mit Leben gefüllt.

Alle Spieler erhalten Behälter in verschiedenen Größen, z. B. Körbe, Gläser und Schachteln. Jeder ist aufgefordert, seinen Behälter mit einem Naturmaterial zu füllen. Nach einer zuvor vereinbarten Zeit kommen alle Spieler zusammen. Nacheinander präsentieren sie ihre gefüllten Behälter und stellen sie in einem Kreis ab. In der entstandenen Mitte legt der Spielleiter aus einem Tuch ein Haus als Zeichen für Bethlehem. Er erzählt die Geschichte von Rut oder von Maria und Josef. Anschließend wird ein Brot in dem Haus abgelegt. Alle Spieler dürfen teilhaben an der Fülle des Lebens, indem sich jeder ein Stück von dem Brot abbricht.
Zur Vertiefung macht sich jeder Spieler Gedanken zu den Fragen:

- Wo ist mein Haus des Brotes zum Leben?
- Wo habe ich Heimat gefunden?
- Wo fühle ich mich zu Hause?
- Wie sieht mein Lieblingszimmer aus?

Anschließend stehen verschiedene Baumaterialien zur Verfügung, mit denen jeder Spieler sein Lieblingszimmer, sein „Haus des Brotes", gestalten kann. Am Ende der Bauphase stellt jeder den anderen sein mit Leben gefülltes Zimmer vor.

Variante:

Zum Symbol-Haus können die Spieler in der Vertiefungsphase über folgende Fragen nachdenken:

- Welche unebenen Wege bin ich gegangen?
- Wo bin ich geflohen?

Anschließend gestalten die Spieler einen Weg, der in der Hoffnung auf einen Neubeginn endet.

Andere Bibeltextstelle: z. B. Lukas 2,1-20.

25. Samuel 8,1-22
Bestimmer

Material: nicht erforderlich

Spieldauer: ab 10 Minuten

Das Volk Israel verlangt einen König, wie ihn auch die Nachbarvölker haben. Samuel warnt vor dem Preis, denn das Königtum kann auch Wehrpflicht, Zwangsarbeit und Verlust der persönlichen Freiheit bedeuten. Wie fühlt man sich als jemand, der etwas zu sagen hat? Beim Spiel „Bestimmer" erleben es die Spieler.

Jeweils ein Kind darf für eine vorher festgelegte Zeit der „Bestimmer" sein. Wie ein König kann er alle anderen regieren und vorgeben, was getan werden muss. Nach einiger Zeit wechseln die Rollen.

Tipp:
Dieses Spiel lässt sich auf andere Bibeltextstellen übertragen, die einen König zum Thema haben, z. B. 1. Samuel 9,1-10,25; 2. Samuel 5,1-5; Markus 15,1-15; Lukas 23,1-5.

26. Samuel 16ff
Rund um David

Material: entsprechende Memory-Karten

Spieldauer: hängt von der Kartenmenge ab, ab 5 Minuten

Es werden Memory-Karten mit den Personen oder Handlungen aus den David-Geschichten erstellt. Dabei wird auf die erste Karte der Begriff, auf die zweite eine Erklärung zum Begriff geschrieben oder gemalt. Dann wird nach üblichen Memory-Regeln gespielt. Gesucht werden die passenden Paare aus Begriff und Erläuterung bzw. Bild. Die Erläuterungen werden je nach Notwendigkeit wiederholt vorgelesen.

Beispiele:
Samuel
Samuel ist der Prophet in Israel. Gott spricht zu ihm über das, was er mit dem Volk Israel vorhat.

Salböl/Salbung
Mit einem kostbaren, wohlriechenden Öl streicht Samuel David über den Kopf. Dies ist ein Zeichen dafür, dass David der neue König wird.

Saul
Saul ist der erste König des Volkes Israel. Doch er handelt nicht so, wie es Gott gefällt. Deshalb wird David zu seinem Nachfolger ernannt.

Philister
Die Philister sind ein Nachbarvolk der Israeliten. Immer wieder führen sie Krieg mit den Israeliten.

Goliath
Goliath ist der riesige Kämpfer der Philister, der den Kämpfern der Israeliten Angst und Schrecken beschert.

Tipp:
Dieses Spielprinzip lässt sich auf andere biblische Geschichten übertragen, vgl. Johannes 20,1-18.

27. Samuel 16,7
Drei Fragen

Material: Papier, Stifte

Spieldauer: ab 20 Minuten

Gott sieht das Herz, nicht das Äußere eines Menschen. Während ich auf die Aussage von anderen Menschen angewiesen bin, hat Gott schon die Einstellung des Einzelnen erkannt. Bei diesem Spiel versuchen die Spieler, den je unterschiedlichen Einstellungen der Mitspielenden nachzuspüren.

Jeder Teilnehmer erhält drei Fragen, von denen zwei richtig und eine falsch beantwortet werden. Nach einer kurzen Schreibphase beginnt ein Spieler, seine Antworten vorzulesen. Die anderen aus der Gruppe versuchen einzuschätzen, welche Frage falsch beantwortet wurde.

Mögliche Fragen:
- Wo und wie würde ich am liebsten wohnen?
- Wo und wie gehe ich am liebsten essen?
- Was habe ich als Kind am liebsten gespielt?

28. Samuel 16,14-23

Lieder raten

Material: Papier, Stifte

Spieldauer: ab 15 Minuten

David nimmt in der Bibel verschiedene Rollen ein. Zu seinen Lebzeiten traute man ihm zu, Autor der Psalmen zu sein. Er sang, spielte Zither und andere Instrumente. Er stellte Chöre und Orchester zusammen.

Für dieses Spiel werden die Spieler in zwei Gruppen eingeteilt. Jede Gruppe schreibt bekannte Lieder auf. Dann nimmt der Spielleiter die beiden Zettel entgegen. Er flüstert einem Spieler der ersten Gruppe ein ausgewähltes Lied der zweiten Gruppe ins Ohr. Der Spieler stellt seiner Gruppe das Lied pantomimisch so dar, dass sie es erraten kann. Dann ist die zweite Gruppe an der Reihe usw. Der Spielleiter achtet darauf, dass bei Doppelungen von Liedernennungen diese Lieder nicht direkt aufeinanderfolgen.

29. Samuel 17,31-50
Angstriesen besiegen

Material: Pappkarton, Wolle, Scheren

Spieldauer: ab 10 Minuten

Kinder in Übergangssituationen begleiten meint, ihnen die Furcht vor dem Ungewissen zu nehmen und sie neugierig auf das Neue zu machen.

Gemeinsam mit Kindern wird der Riese erstellt, gefüllt und besiegt. Dazu werden die Kinder wie folgt aufgefordert:
„Hast du Angst? Manchmal? Vielleicht vor den Dingen, die dir in diesem Jahr passieren können? Dann besiege den Angstriesen! Für den Angstriesen brauchst du Pappkartons. Einige Bögen sollen es schon sein, denn der Angstriese ist riesig groß! Aus den Bögen schneidest du den Körper, einen Kopf, zwei Arme, Hände, zwei Beine und die Füße aus. Einen Helm und ein Schwert kann der Angstriese natürlich auch haben. Dem Gesicht kannst du mit Wollfäden einen Bart und Haare zufügen. Dann schreibst du die Dinge, die dir Angst machen, auf die Körperteile des Riesen. Überlege ein bisschen und sei ehrlich! Nun bindest du die Körperteile

zusammen und stellst den Riesen mit Hilfe eines Strickes auf. Schau ihn dir an, den Angstriesen. Zum Fürchten sieht er aus. Und jetzt kannst du eine Schere nehmen und den Strick, der den Riesen aufrecht hält, durchschneiden. Da liegt er nun, dein Angstriese!"

30. Hiob 1,6-12

Wetten, dass …

Material: den Wetten entsprechendes Material, evtl. Preis für den Wettkönig

Spieldauer: ab 60 Minuten

Hiob hat das Pech, Gegenstand einer Wette zwischen Gott und dem Satan zu werden. Der gottesfürchtige Hiob wird von vielen Schicksalsschlägen heimgesucht. Dabei soll er nie erfahren, dass er Objekt einer Wette ist. Am Ende der Geschichte ist er wohlhabender als am Anfang. Im Spiel geht es auch um Wetten.

Diese Spielidee stammt aus der ehemaligen Fernsehsendung des ZDF. Um eine gelungene Show mit den Gruppenteilnehmern zu veranstalten, bedarf es ausreichend Zeit an Vorbereitungen. Vor Spielbeginn wird die Gruppe in einzelne Kleingruppen eingeteilt, die sich jeweils eine praktische Wette überlegen, wie z. B.
Wetten, dass …
… keine Kleingruppe schneller fünf Betten beziehen kann als wir.

… unsere Kleingruppe ein Kartenhaus aus 200 Bierdeckeln bauen kann.
… unsere Kleingruppe es schafft, aus allen Namen der Gruppenteilnehmer ein Kreuzworträtsel zu gestalten.

Auch das Leitungsteam überlegt sich eine praktische Wette wie z. B.
Wetten, dass …
… wir es schaffen, mit verbundenen Augen alle Gruppenteilnehmer an ihrer Stimme zu identifizieren, wenn sie jeweils den gleichen Satz sagen.

Sobald der Showabend eröffnet wird, stellt eine Kleingruppe ihre Wette vor. Die anderen geben ihren Tipp ab. In tabellarischer Form werden die abgegebenen Tipps und der Punktestand auf einer Tafel festgehalten. Vor der Durchführung der Wette gibt die Kleingruppe auch ihren Einsatz bekannt für den Fall, dass sie die Wette verliert, wie z. B. Abwaschen des Geschirrs beim nächsten Frühstück. Dann kann die erste Wette ausgeführt und schließlich gepunktet werden. Es folgen die weiteren Wetten. Am Ende des Spiels wird wie in der Sendung der Wettkönig geehrt.

Tipp:
Die Spielshow kann an Reiz gewinnen, wenn die Gruppe Showeinlagen einbringt.

31. Psalm 1
Der ist wie ein Baum

Material: viele Wortbeispiele auf Karteikarten in zwei Farben

Für die Variante: Fotos von diversen Gesichtern in allen Hautfarben

Spieldauer: hängt von den Wortbeispielen ab, ca. 10 Minuten

In Psalm 1,1-3 wird der Mensch mit einem Baum verglichen.

Um Kindern die Bedeutung von Vergleichen verständlich zu machen, sucht der Spielleiter vor Spielbeginn Wortbeispiele aus der Alltagswelt, z. B.: flink wie ein Wiesel, bekannt wie ein bunter Hund, süß wie Zucker, klein wie ein Zwerg, schnell wie ein Pfeil, langsam wie eine Schnecke usw. Sowohl die Adjektive als auch die Substantive werden jeweils auf eine Karteikarte aufgeschrieben. Die Adjektive erhalten dabei eine andere Karteikartenfarbe als die Substantive. Dann wird nach den Spielregeln von Memory gespielt. Ein Spieler deckt sowohl eine „Adjektivkarte" als auch eine „Substantivkarte" auf. Er überlegt, ob beide Worte zusammen einen Sinn ergeben. Bei Bejahung darf er die beiden Karten behalten, ansonsten werden sie wieder verdeckt, und der nächste Spieler ist an der Reihe.

Variante:
Vor Spielbeginn sind viele Fotos von diversen Gesichtern in allen Hautfarben gesammelt worden. Jedes Gesicht ist zweimal vorhanden. Wie oben wird nach den Memoryregeln gespielt. Jeder Spieler, der ein passendes Gesichterpaar aufdeckt, darf es behalten. Hier wird deutlich: Gott hat wie die Bäume viele verschiedene Menschen einzigartig erschaffen.

32. Psalm 18,7

Aus dem Wasser gezogen

Material: Taufbecken, handwarmes Wasser, für jeden einen blauen Glasnugget

Spieldauer: hängt von der Anzahl der Spieler ab, ca. 10 Minuten

Vor Spielbeginn hat der Spielleiter das Taufbecken mit handwarmem Wasser gefüllt und entsprechend der Anzahl der Spieler kleine blaue Glasnuggets hineingelegt. Dann sammeln sich alle Spieler um das Taufbecken. Sie werden eingeladen, nacheinander mit ihren Händen in das Wasser einzutauchen, und sich dabei einen Nuggetstein aus dem Wasser zu ziehen. Diese Interaktion vollzieht sich in Anlehnung an den Bibelvers in Psalm 18,17: aus dem Wasser gezogen. Mit der Hand unterzutauchen und wieder aufzutauchen erinnert daran, dass jeder Getaufte Anteil hat an Tod und Auferstehung Jesu. Im Anschluss an dieses Erleben kann der Psalmvers besprochen werden. Die Steine dürfen mit nach Hause genommen werden.

33. Psalm 19,1-7
Winterkälte und Sonnenstrahl

Material: ein weißes Tuch, zwei gelbe Tücher

Spieldauer: ab 5 Minuten

Die Gedanken des Psalmisten wandern von der Sonne und ihren alles durchdringenden Strahlen unmittelbar zu Gottes Gesetz.

Im kalten Winter erstarrt alles Leben. Ein Spieler spielt den Winter und hängt sich dazu das weiße Tuch um. Alle laufen im Raum umher. Wer vom Winter berührt wird, erstarrt und muss auf der Stelle eingefroren stehen bleiben. Ein warmer Sonnenstrahl im Frühling weckt das Leben. Zwei von den Spielern sind Sonnenstrahlen und hängen sich die gelben Tücher um. Sie fassen sich an den Händen und bilden ein Tor über einem Erstarrten. Der Erstarrte darf jetzt anfangen, sich zu bewegen. Zuerst der Zeh, dann den Fuß, dann das Bein. Schließlich darf er wild durch den Raum jagen. Sind die Spieler alle zu Eis erstarrt, hat der Winter gewonnen. Soweit lassen es die Spieler aber nicht kommen, oder? Spielt, so lange ihr Lust habt.

34. Psalm 27,1-6
Vertrauenssprung

Material: Stuhl, evtl. Decke

Spieldauer: ab 5 Minuten

Die ersten sechs Verse in diesem Psalm sind getragen von Vertrauen und Gewissheit.

Die Spieler und der Spielleiter bilden zusammen eine Auffangmatte. Dazu stehen sie sich in zwei engen Reihen jeweils gegenüber und verschränken die Hände miteinander, sodass eine Matte aus Armen entsteht. Ein Kind steigt auf einen Stuhl an einem Ende der Reihe und lässt sich steif in die Matte fallen. Dazu winkelt es die Arme neben dem Körper an und nimmt die Hände vor das Gesicht (Brille abnehmen). Die auffangende Matte gibt leicht nach unten nach, um den Aufprall angenehm zu gestalten (über die Arme kann eine Decke gelegt werden). Wer sich traut, kann die Absprunghöhe steigern.

35. Psalm 31,6
Hand drauf

Material: nicht erforderlich

Spieldauer: ab 5 Minuten

In der Taufe liegt ein großes Versprechen. Gottes Zuwendung, seine Begleitung und sein Schutz werden dem Täufling zugesprochen. Die Eltern, die Paten und die Kirchengemeinde sind in erster Linie Mittler dieses Versprechens. Aus ihren Händen fließen die spürbaren und sichtbaren Zuwendungen, in denen das Kind Gottes Zugewandtheit erkennen kann. „Hand drauf" – unter diesem Motto wird gespielt.

Jedem Spieler wird eine Zahl zwischen eins und drei ins Ohr geflüstert. Im Anschluss laufen die Spieler durch den Raum und schütteln einander die Hände. Dabei schüttelt jeder Spieler entsprechend der zugeflüsterten Zahl die je andere Hand. Finden sich zwei Spieler, die zueinander passen, bleiben sie beisammen und schütteln gemeinsam die anderen Hände. Schließlich finden sich drei Gruppen mit Spielern.

36. Psalm 139,13-15
Architektenspiel

Material: Zettel mit Aufforderungen

Spieldauer: ab 10 Minuten

Gott schuf eine Einheit von Leib und Seele.

Auf einzelnen Zetteln stehen Aufforderungen wie z. B. Rücken an Knie, Kopf an Kopf usw. Die Spieler müssen diese Aufforderungen ausführen, bis es keine Möglichkeiten mehr gibt, die geforderten Körperteile aneinander zu bringen. Bei mehr als zehn Spielern werden Kleingruppen gebildet, die nacheinander oder parallel spielen.

Liste der möglichen Aufforderungen:
Rücken an Knie, Rücken an Schulter, Hand an Fuß, Fuß an Hand, Kopf an Kopf, Schulter an Schulter, Hand auf Kopf, Fuß an Fuß, Hand auf Knie, Hand auf Schulter, Kopf an Schulter, Hand auf Rücken, Rücken an Rücken, Po an Po usw.

37. Prediger Salomo 3,1
Wie lange noch?

Material: Uhr mit Sekundenzeiger oder Stoppuhr, evtl. Kreide

Spieldauer: ab 5 Minuten

Der Titel des Buches lautet „Kohelet", im Deutschen übersetzt mit Prediger, der mehr auf den offiziellen Titel als auf den Namen des Autors hinweist. Möglicherweise ist er ein Pseudonym für Salomo, der ein Sohn Davids ist. Da er die Fülle des Lebens ausgekostet hat, ist er qualifiziert für Aussagen über das Leben. „Alles hat seine Zeit …", so heißt es dort im 3. Kapitel. Die Zeit ist eingeteilt in Stunden, Minuten und Sekunden. Aber wie lange dauert eine Minute?

Die Spieler werden gebeten, einzuschätzen, wie lange eine Minute tatsächlich dauert.
Für dieses Spiel stehen die Spieler an einer Startlinie. Zuerst wird ein ganz normales Wettrennen bis zur Ziellinie gemacht. Dann stellen sich alle wieder an die Startlinie und bekommen ihre Uhren abgenommen. Aufgabe ist es nun, genau nach einer Minute an der Ziellinie anzukommen.

Stehen bleiben und warten dürfen die Spieler nicht. Sie sollen immer in Bewegung sein – in welchem Tempo und mit welcher Schrittlänge entscheidet jeder selbst. Ein oder zwei Spielleiter stehen an der Ziellinie und notieren, welcher Spieler wann die Ziellinie überschreitet. Wer möchte, kann das Spiel noch mal wiederholen und diesmal zwei oder sogar drei Minuten als Ziel angeben. Welcher Spieler schafft es am besten, seine Ungeduld zu zügeln und den Zeitraum richtig einzuschätzen?

Bei jüngeren Spielern, die noch kein Zeitgefühl haben und eine Minute schlecht einschätzen können, schauen sich alle zusammen eine große Uhr (Stoppuhr) an.

Die Kinder sehen, wie lange der Sekundenzeiger weiterwandern muss, bis er wieder oben angekommen ist. Nachdem sie nun eine Vorstellung davon bekommen haben, beginnt das Spiel wie oben beschrieben.

Tipp:

Das Prinzip ist auch auf andere Bibeltextstellen übertragbar, z. B. 1. Mose 12,2, 1. Mose 13,15, 1. Mose 15,3, 1. Mose 16,1ff, 1. Mose 17,1ff, 1. Mose 18,10ff, 1. Mose 21. In der Abrahamsgeschichte erfahren die Spieler, dass manchmal die Zeit wie im Schneckentempo vergeht und Abraham lange warten muss.

38. Prediger Salomo 5,10-12
Flinke Geldfinger

Material: viele unterschiedliche Münzen einer Währung, Stoppuhr, evtl. Papier und Stifte

Spieldauer: ab 10 Minuten

Ein vernünftiger Rat ist ein guter Umgang mit Geld.

So geht's: Ein Berg mit unterschiedlichsten Münzen soll genau gezählt werden. Bei jeder Gruppe wird die Zeit gestoppt. Wer war der Schnellste? Punkte gibt es nicht nur für Schnelligkeit, sondern auch für den richtigen Betrag! Bei jüngeren Kindern evtl. noch Papier und Stifte zum Notieren der Zwischensummen bereitlegen.

Andere Bibeltextstelle, z. B. Lukas 19,1-10.

39. Jesaja 43,1

Schneller Name

Material: nicht erforderlich

Spieldauer: ab 5 Minuten

Der bei der Taufe oft verwendete Bibelvers lautet: „Fürchte dich nicht, denn ich habe dich erlöst; ich habe dich bei deinem Namen gerufen. Du bist mein.“ Gott kennt alle unsere Namen – wir gehören zu ihm.

Alle Spieler samt Spielleitung sitzen im Kreis. Der Spielleiter beginnt und ruft den Namen eines Spielers. Sofort steht dieser Spieler auf und rennt so schnell wie möglich einmal außen um den Stuhlkreis herum. Währenddessen rufen die anderen Spieler reihum im Uhrzeigersinn nacheinander den Namen des rennenden Spielers.
Wer ist schneller, der rennende Spieler oder sein „rennender Name“? War der Spieler schneller, darf er sich wieder setzen und nun seinerseits einen Namen ausrufen.
War er zu langsam, muss er noch einmal eine Runde rennen, und diesmal rufen alle den Vor- und Nachnamen, bei einer dritten Runde noch den Wohnort dazu.

40. Jesaja 59,8
Schlaglichter Gewalt

Material: ca. 10 Aussagen über Gewaltsituationen pro Kleingruppe

Spieldauer: ca. 20 – 30 Minuten

In diesem Kapitel klagt Gott gegen das Volk Israel. Mit ihrer Haltung haben sie durch Boshaftigkeit und Gewalt zum Verfall der gesellschaftlichen Ordnung beigetragen. Auf diese Weise können die Menschen keinen Frieden finden.

Die Teilnehmer werden so in Gruppen eingeteilt, dass immer fünf Personen eine Kleingruppe bilden. Jede Kleingruppe erhält einzeln aufgeschriebene Aussagen über „Schlaglichter Gewalt". Zusammen überlegen die Personen, welche Aussagen Gewalt darstellen und welche nicht. Evtl. können die verschiedenen Situationen nach dem Grad der Gewalttätigkeit sortiert werden. In der Kleingruppe soll Einigkeit über die Reihenfolge erzielt werden. Im Anschluss an die Diskussion können die verschiedenen Ergebnisse der Kleingruppen im Plenum vorgestellt werden.

Mögliche Aussagen der „Schlaglichter Gewalt":

- In einer Gaststätte wird ein/e Ausländer/in nicht bedient.
- Ein/e Judokämpfer/in kämpft gegen seinen/ihren Gegner.
- Ein/e Autofahrer/in sieht seine/n Freund/in am Straßenrand und hupt.
- Ein/e Demonstrant/in blockiert eine Bahnstrecke beim Castortransport.
- Ein/e Kapitän/in entleert den Altöltank in die Nordsee.
- Tierschützer/innen holen 30 Katzen aus einer Zwei-Zimmer-Wohnung.
- 50 Mastschweine werden von einem LKW zum Schlachthof gefahren.
- Der Zahnarzt operiert einen entzündeten Zahn.
- Ein/e Polizist/in schießt mit seiner/ihrer Dienstwaffe auf Pappfiguren, die Menschen ähneln.
- Ein/e Rettungsassistent/in macht eine Herz-Lungen-Wiederbelebung, dabei brechen dem/der Patienten/Patientin drei Rippen.
- Ein Kind quengelt vor der Ladenkasse, die Mutter gibt ihm einen Klaps.
- Sechs Kinder hänseln ein anderes Kind aus der Nachbarklasse.
- Die Feuerwehr schneidet das Dach eines Porsches ab, um den Fahrer herauszuholen.

Andere Bibeltextstellen, z. B. 1. Mose 13,1-12, Jesaja 2,4, Matthäus 5,9.43-48, Johannes 8,1-11.

41. Jeremia 29,5
Häuser aus Sand

Material: ausreichend Sand, evtl. Plane für den Innenraum, Schaufeln

Spieldauer: ca. 60 Minuten

Der babylonische König Nebukadnezar zieht gegen Jerusalem und viele Bürger werden nach Babylonien verschleppt. Den im Exil Lebenden empfiehlt Jeremia per Brief, das Beste aus der lang andauernden Situation zu machen, u. a. Häuser zu bauen.

Nach Höhlen und Zelten sind Häuser die wesentlichen Behausungen von Menschen. Sie sind ein Ort der Geborgenheit und des Schutzes. In den vielen Jahrhunderten entwickelten sich die Häuser von einfachen Hütten aus Lehm und Holz bis hin zu prächtigen Burgen und Schlössern. Weltweit haben die Menschen sehr unterschiedliche Bedürfnisse, sich ein Zuhause zu schaffen.

Die Teilnehmenden werden in Kleingruppen eingeteilt, sodass maximal sechs Spieler in einer Gruppe sind. Jede Kleingruppe zieht ein Los, auf dem jeweils eine typische Hausart aus einem Land steht. Hilfreich kann es dabei sein, wenn die Spieler ein Bild zum Bauauftrag erhalten. Dann haben sie ausreichend Zeit, aus Sand das Haus zu bauen. Wenn alle fertig sind, werden die Häuser einander vorgestellt.

Mögliche Bauaufträge:
Europa: z. B. mehrgeschossige Wohnhäuser, Bauernhäuser, skandinavische Blockhütten
Afrika: z. B. afrikanische Hütten, Beduinen-Zelte
Asien: z. B. chinesische Hausboote, japanische Papierhäuser, asiatische Tempel
Amerika: z. B. Indianerzelte, Iglus der Eskimos, brasilianische Baumhäuser, Wolkenkratzer

Andere Bibeltextstellen, z. B. Psalm 127,1, Matthäus 7,24-27.

42. Daniel 6
Gespräche gegen die Angst

Material: Töpfe, viele verschiedene Begriffe auf jeweils einem Zettel

Spieldauer: hängt von der Kartenmenge ab, ca. 30 Minuten

Daniel steht zu sich selbst und seinem Glauben. Er kann sich in einem für sich fremden Land behaupten, ohne seine Eigenheit aufzugeben. Er beweist Zivilcourage und nimmt Risiken auf sich. In der Löwengrube mag er sicherlich auch Angst gehabt haben, aber sein Glaube trägt ihn.

Die Teilnehmer werden willkürlich in Kleingruppen von vier bis fünf Personen eingeteilt. Der erste aus der Gruppe zieht einen Zettel aus einem Topf. Spontan erzählt er den anderen aus der Kleingruppe etwas zu dem gezogenen Begriff. Dann ist der nächste Spieler an der Reihe und zieht einen Begriff usw. Die Gesprächsrunde ist beendet, wenn sich entweder keine Zettel mehr im Topf befinden oder eine zuvor vereinbarte Spielzeit abgelaufen ist.
Auf den Zetteln stehen passende Begriffe zu der Danielge-

schichte, z. B.: Als ich einmal Angst hatte …, Mut, In der Fremde sein, Wie in einer Löwengrube …, Zuversicht, Mein Glaube hat mir geholfen, als …, Risiko, Spannungen, In Schwierigkeiten sein, Meine Meinung sagen.

Tipp:
Dieses Spielprinzip lässt sich auch auf andere Themen übertragen.

43. Jona 1
Schiff versenken

Material: großes Plakat mit aufgemaltem Schiff, schwarze und weiße Mühlesteine

Spieldauer: ab 10 Minuten

Jona flieht auf ein Schiff, das durch den Sturm fast in Seenot gerät.

Auf ein großes Plakat wird ein einfaches Schiff gemalt, mit Schiffskörper, drei Bullaugen in dem Schiffskörper, Mast, Segel und einem kleinen Fähnchen oben auf dem Mast, unter dem Schiff einige Wellen. Jede Gruppe erhält nun einige Mühlesteine, die eine Gruppe schwarze, die andere weiße. Abwechselnd darf nun immer ein Kind pro Gruppe an den markierten Standpunkt kommen, der sich, je nach Alter der Kinder, zwei oder mehr Meter entfernt vom auf dem Boden liegenden Plakat mit dem Schiff befindet. Jedes Kind hat drei Würfe. Wird der Mast getroffen (= bleibt der Mühlestein auf dem Mast liegen), so gibt dies fünf Punkte, ein Segel ergibt vier Punkte, der Schiffskörper drei Punkte, ein Bullauge fünf Punkte, das kleine Fähnchen am Mast sechs Punkte, die Wellen zwei Punkte, eine nichtbemalte Fläche auf dem Plakat ergibt noch einen Punkt. Alle Mühlesteine, die außerhalb des Plakates landen, ergeben keinen Punkt. Alle Punkte werden addiert. Die Mannschaft mit den meisten Punkten hat gewonnen.

Variante:
Jeder Spieler erhält einen Mühlestein und hat nur einen Wurf. Die Steine bleiben nach dem Werfen liegen. Dadurch kann jeder Spieler versuchen, die Steine der eigenen Gruppe noch geschickt zu platzieren und die der anderen Gruppe wegzuschnipsen. Bei dieser Methode werden die Punkte erst am Ende zusammengezählt. Nach diesen drei Spielrunden wird das Ergebnis bekannt gegeben. Zusammen mit den Spielern wird überlegt, um welche Wagnisse es in den Spielen und in der Geschichte ging.

Andere Bibeltextstelle, z. B. Markus 4,35-41.

44. Jona 3
König in Sack und Asche

Material: Kartoffelsäcke oder Ähnliches, Asche, Teller

Spieldauer: ca. 15 Minuten

Nachdem Gott Jona noch einmal die Möglichkeit gegeben hat, sich als gehorsam zu erweisen, verkündet Jona seine Botschaft mit erstaunlicher Wirkung. Die Bürger von Ninive, selbst der König, zeigen Reue und ziehen Säcke als Zeichen einer Buß- und Fastenzeit an. Der König setzt sich zudem in Asche.

Die Kinder werden in Kleingruppen eingeteilt, die sich parallel in mehreren Reihen an einer Startlinie aufstellen. Jede Gruppe hat einen Kartoffelsack zur Verfügung. Jeweils der erste aus der Gruppe schlüpft in den Sack. Bei einem Startzeichen des Spielleiters hüpfen alle gleichzeitig los. Nach ca. fünf Metern steht für jede Gruppe ein Teller mit Asche bereit. Wenn die Spieler beim Teller ankommen, machen sie sich einen Aschepunkt auf die Stirn und hüpfen zurück zu ihrer Mannschaft. Dann übernimmt der zweite aus der Gruppe den Sack und wiederholt die Aufgabe. Welche Gruppe beendet als schnellste diesen Staffellauf?

Literaturverzeichnis

Die Bibel. Nach der Übersetzung Martin Luthers. Hg. von der Evangelischen Kirche in Deutschland. Stuttgart 1991. (Sonderausgabe zum Jahr der Bibel 1992).
Hartebrodt-Schwier, Elke (Hg.): Das große Bibelspielebuch. 350 Gruppenspiele. Neukirchen-Vluyn 3. Aufl. 2011.